O MENINO NO ESPELHO

LIVRO 2

GALINHA AO MOLHO PARDO

FERNANDO SABINO

ILUSTRADO POR

CLARA PERNAMBUCO

crivinho

APRESENTAÇÃO

Publicada em 1982, a obra **O menino no espelho** é a expressão mais universal e única da voz e da existência do menino Fernando Sabino para o mundo. Por meio dela, o escritor revela a todos nós que a vida só se faz plena e possível pela permanência do menino, mesmo quando homem.

Na obra autobiográfica, o autor nos conta suas façanhas de garoto, cheias de aventuras e divertimentos, alternando fantasia e realidade, de uma forma tão comum à infância. Cada capítulo é completo em si: traz a experiência do cotidiano pelo olhar da criança, permeada de graça e de beleza.

Neste ano de 2024, ano da comemoração do centenário de Fernando Sabino, a Crivo Editorial, honrosamente, lança a Coleção O menino no espelho em quadrinhos. Ilustrada por quadrinistas diversos, cada um com o seu traço, a coleção é composta de 12 volumes. Cada capítulo da obra se torna uma história, trazendo o encantamento e a atemporalidade da infância. Num tom humorístico, a riqueza e a pluralidade da narrativa de Fernando Sabino, pela mão de cada artista, divertem, entretêm, emocionam e comovem.

O menino no espelho em quadrinhos carrega nosso intuito primeiro e verdadeiro de reapresentar, por meio dessa linguagem visual e gráfica, um grande mestre da palavra para a posteridade.

"Quando eu era menino, os mais velhos perguntavam: o que você quer ser quando crescer? Hoje não perguntam mais. Se perguntassem, eu diria que quero ser menino."

Fernando Sabino.

Sexta-feira
Ei, cheguei!
Comprou tudo o que precisava pro almoço do Dr. Junqueira, Alzira?
Comprei sim, Dona Odete
Ei, Toninho, ei, Godofredo.
Ei, Fernando.
Não vai dar oi não, Godofredo?
...não.

Pó' Có?
Pó!
Fernando, chegou bem da escola? Não te dei oi direito, né, filho?
Eu estava terminando de acertar o almoço de domingo com Alzira.
muah!
Vai ser galinha ao molho pardo!
Có?

...molho pardo...?
?
NÃO! ELES NÃO PODEM FAZER ISSO!!
NÓS *ACABAMOS* DE FAZER AMIZADE!!
Não se preocupe, eu vou te proteger.
Voce precisa de um nome.
Eu te batizo em nome do Pai, do Filho e do Espírito Santo.
Amém.
PAP.
Seu nome é Fernanda.

Sábado
Vamos, Fernanda, balança a cabeça desse jeito aqui, ó. Para cima e para baixo é sim.
Então, na caixa de areia a gente não brinca mais, porque os gatos começaram a fazer cocô lá, e aí é um futum que só!
Não, Fernanda, pros lados agora, o sim já foi, agora é o não. De um lado para o outro, assim.

Mas então, Hindemburgo morre de medo de gatos.
Pois é, um cachorro desse tamanhão!
Isso! Assim mesmo!
suspiro
Você sabe o que estão querendo fazer com você amanhã, Fernanda?

Sabe não, Fernanda?
Pois nem queira saber! Cuidado com Alzira, nossa cozinheira.
Trate de não deixar ela chegar perto de você, entendeu?
Estão querendo te matar para comer, Fernanda!
Ao molho pardo!
PÓCÓ??!!
Mas não se preocupe, Fernanda, eu vou te proteger.
O perigo todo vai ser amanhã. Só precisamos de um lugar pra te esconder até lá.
Arrá!

Você se importa de ficar ali embaixo da bacia até passar o perigo?
Então fica bem quietinha aí dentro, e não canta nem faz barulho, principalmente se escutar alguém andando aqui fora, viu?
Amanhã cedo, assim que puder, eu volto. Dorme bem, Fernanda.
Vai dar tudo certo.

Domingo
Oh, não, Fernanda!
Te deixei presa sem água nem comida! Já volto!
ksssshhhhhh
GLUG GLUG GLUG
Agora, onde acho comida pra você?
Ah!
zzzzz
O milho do Godofredo!

Eiiii, Godofredo...
???
Desculpa pegar sua comida assim, mas é por uma boa causa.
!
SO-
SOCORRO! LADRÃO!
!!!
PEGA LADRÃO!!!!!!
AAAAAAAAAAAAAHHHH
AAAAAAAAAAHHH SOCORROOOO!!!
Peraí, Godof-
LADRÃÃÃOOO!!!

EGA!
Cala a boca, Godofredo!
LADR-
HMPFT!
CALA A BOCA JÁ MORREU, QUEM MANDA AQUI SOU-
SPLASH
Toma, seu infeliz, pra você aprender!
AAAAA
AAAAAA
Opa, opa, opa-

QUE GRITARIA É ESSA AÍ NO QUINTAL?!
. . .

Que é que esse bicho tem?
AA
AAAAAAAAA
Nunca fala nada com nada, e de repente destampa essa gritaria toda?
AAA
AAHHHH

Deu conta de voltar pro poleiro, é, Godofredo?
ARF ARF
AAAARF ARF
Vai, que é que você quer, coisa ruim? Quem é que é ladrão?
SUA GALINHA! SUA GALINHA!
??!

Do que é que você me chamou, coisa ruim?
SUA GALINHA!
Galinha é você! Galinha verde!
Por falar nisso, onde é que se meteu a galinha?

hm?
Você viu a galinha, Fernando?
Uh-
NA BACIA! NA BACIA!
NA BACIA!

Vai, o que está fazendo aí, Fernando?
NA BACIA!
Nada não...
Boa coisa é que não há de ser. Alguma esse menino andou aprontando.
NA BACIA! NA BACIAAAAA
Cala essa boca, seu filhote de urubu!!!
NA BA
ACIA!!
BACIA!!!
Que é que esse tagarela está falando?
Ele está te chamando de nabacinha.
Nabacinha? Que quer dizer isso?
Quer dizer desocupada.

Está me chamando de desocupada, é?! Nabacinho é você, seu bicho ordinário!
Não sei onde estou que não te corto todo e asso no espeto, seu-
Urgh, mas falando nisso, você não me respondeu. Quéde a galinha?
Já está quase na hora do almoço. Onde é que ela se meteu?
Não sei...
Você não estava brincando com ela ontem, menino?
Mas isso foi ontem, hoje eu não vi ela ainda.
Ploc
toc

Bom,
Será que ela fugiu? Ou alguém roubou?
Vai ver era por isso que esse nabacinho estava gritando.
Quem sabe não foi um ladrão de galinha?
ISSO MESMO! Eu estava aqui no quintal e vi um homem pulando o muro com algo escondido dentro da jaqueta!
Só podia ser a galinha!
Esse menino está com um jeito muito velhaco.
Sei não... Alguma ele andou fazendo.
Ah, mas eu estou ficando sem tempo pra isso.
Vem, me ajuda a procurar a galinha.

. . .
Hm. Não está aqui.
Procura direito, menino!
Ai, Senhor, não dá mais tempo de cozinhar a bichinha.
Preciso avisar Dona Odete.

Dona Odete, temos um problema.
Não encontrei a galinha em lugar nenhum.
Ai, mas e agora, como vai ser? Como é que foi sumir assim, sem mais nem menos?
Sei lá, não acredito que tenham roubado como diz o Fernando.
Vai ver que saiu voando e pulou o muro. Bem que pensei em cortar as asas dela antes. Agora é tarde.
Pra mim a gente anda precisando de cortar as asas é desse menino.
Hm?
Está quase na hora do almoço. O Dr. Junqueira está para chegar de uma hora pra outra, e como é que a gente faz sem a galinha?
O Domingos vai ficar aborrecido.

Opa, ouvi meu nome?
Ai, amor! Você escutou? A galinha sumiu!
Escutei sim.
Faz outra coisa.
Macarrão, por exemplo! O Dr. Junqueira é bem capaz de gostar de macarrão!
Não tem quem não goste da macarronada da Alzira.
Ela é bem boa mesmo, hein.

Domingos, Odete, muito obrigado por me receberem!
Um prazer, Dr. Junqueira! O almoço foi do seu agrado, espero?
Hm!
Hm-

Uma maravilha! Ainda bem que era essa macarronada!
Eu estava morrendo de medo de o almoço ser galinha.
Eu DETESTO galinha.
Ainda mais ao molho pardo.

O sufoco já passou por hoje.
Mas Fernanda ainda corre perigo, com o tanto que papai gosta de comer frango.
E eu não posso deixar a coitada debaixo da bacia pra sempre.
Além de ser maldade.
Maria Lavadeira vai acabar descobrindo ela quando for usar o tanque amanhã.
Eu preciso fazer alguma coisa.
Boa noite, Fernanda.
Eu vou dar um jeito nisso.

Segunda-feira
Certo, Fernanda, hora de verdade.
Ah, bom dia, Fernando!
Mãe, olha só quem está aqui.
Uai, ela não tinha sumido? Onde é que você encontrou essa galinha, Fernando?
Espera um minuto-

Se tiverem de matar minha amiga
Me matem primeiro!
Fernando, eu não acredito que você escondeu ela da gente.
Eu devia ter adivinhado que você ia fazer amizade com uma galinha.
Fernanda.
Oi?
O nome dela é Fernanda! Eu batizei ela e tudo, então a gente REALMENTE não pode comer ela!
Você batizou a galinha?
Sim.
De Fernanda?
Isso.

Phrh- Pfffft
Pfffhaahahahe hehahahaha
Tudo- Hehe, tudo bem então, Fernando
HehhHahha hhehaha
Pode ficar com ela como bicho de estimação
Mas não quero ela dentro de casa, entendeu?
Entendido!

Desse dia em diante, Fernanda seguia meus passos por toda parte, como um cachorrinho.
Ela continuou minha amiga, até morrer de velha, sei lá quanto tempo mais tarde.

Só sei que, alguns dias depois do almoço do Dr. Junqueira, mamãe comprou um frango.
Esse vai se chamar Alberto!
Pois sim.
No dia seguinte mesmo, no almoço, comemos Alberto.
Ao molho pardo.

*Eu já tinha lido o livro na escola com uns 10-11 anos de idade, salvo engano, então foi bem especial revisitar essa história como quadrinista.

CURIOSIDADE:
Um dia no início do projeto, enquanto eu ainda estava adaptando o roteiro e planejando o storyboard,
?
BZZZ
Lançaram a seguite pergunta no grupo dos ilustradores:
Gente, o João fez a planta do quintal, mas alguém já chegou a pensar na planta interna?
E nessa hora percebi que esse tempo todo eu estava ambientando a história na casa da minha tia-avó Ruth enquanto eu escrevia e revisava o roteiro.
chegou a pensar na planta interna?
Boa pergunta, rsrsrs.
opa, segura que eu tenho uma planta-baixa em mente!
(CONVERSA PARAFRASEADA)
Como todos os 3 (e futuramente 12!) quadrinhos vêm do mesmo livro, a editora pediu pra nós, artistas, tentarmos unificar os designs dos personagens e ambientes na medida do possível, mas mantendo as diferenças de traço de cada um.
A casa da minha tia-avó era bem dessa época, então me ofereci para fazer essa planta e mandar para os meninos.
E foi assim que, para tudo aquilo que não tinha sido descrito em detalhes pelo autor no livro, eu representei na HQ com memórias da casa da minha avó. Só tomei, claro, o cuidado de adaptar os móveis para os da época do livro (1930) ao invés de representar os que fizeram parte da minha infância.
Esse cantinho aqui, onde o Domingos senta para ler o jornal, por exemplo, é um dos vários locais onde eu mesma li o livro "O Menino no Espelho", por volta dos anos 2005-2006.
Está gostando do livro novo que a professora passou, Clara?
Aham!

FERNANDO SABINO

Escritor, jornalista, editor e cineasta, nascido em Belo Horizonte, Minas Gerais, Fernando Sabino é uma das mais expressivas personalidades das letras brasileiras da segunda metade do século XX. Sua obra literária caracteriza-se pela capacidade de revelar, com fino senso de humor e ironia, o lado pitoresco e poético de fatos cotidianos. Filho do representante comercial Domingos Sabino e de Odete Tavares Sabino, o escritor teve seus livros traduzidos para diversos idiomas e foi agraciado com prêmios como o Machado de Assis, da Academia Brasileira de Letras (1999), e o Jabuti (1980), com O grande mentecapto. Com passagens pelos Estados Unidos e pela Europa, foi, além de adido cultural da embaixada do Brasil em Londres, colaborador dos principais jornais do Brasil. Sua obra é composta por mais de 40 livros. Morreu no Rio de Janeiro, no dia em que completaria 81 anos de idade.

CLARA PERNAMBUCO

@clara.pernambuco | clarapernambuco.art@gmail.com

Clara Pernambuco é uma ilustradora belo-horizontina. Formou-se em 2019 em Artes Visuais, com habilitação em Artes Gráficas, pela UFMG, com quatro quadrinhos curtos como TCC. Hoje, além de ser quadrinista, atua também como ilustradora freelancer. O que move seu trabalho — mesmo fora do mundo dos quadrinhos propriamente ditos — é o amor por narrativas diversas e pela riqueza que as imagens trazem para essas narrativas.

ACOMPANHE OS OUTROS TÍTULOS DA SÉRIE!

1. O MENINO E O HOMEM
2. GALINHA AO MOLHO PARDO
3. O CANIVETINHO VERMELHO
4. COMO DEIXEI DE VOAR
5. O MISTÉRIO DA CASA ABANDONADA
6. UMA AVENTURA NA SELVA
7. O VALENTÃO DA MINHA ESCOLA
8. O MENINO NO ESPELHO
9. MINHA GLÓRIA DE CAMPEÃO
10. NAS GARRAS DO PRIMEIRO AMOR
11. A LIBERTAÇÃO DOS PASSARINHOS
12. O HOMEM E O MENINO

CAPA E PROJETO GRÁFICO: João Henrique Belo
ROTEIRO: Clara Pernambuco
REVISÃO: Amanda Bruno de Mello
EDIÇÃO: Juliane Gomes de Oliveira
COORDENAÇÃO EDITORIAL: Lucas Maroca de Castro e
Lucia Helena Russo Maroca de Castro

FSC MISTO Papel FSC® C019350

S116m Sabino, Fernando, 1923-2004.
O menino no espelho [manuscrito]/ Fernando Sabino; ilustrado por Clara Pernambuco. -- Belo Horizonte: Crivinho, 2024.
12v.: il., color.; 18 cm x 24 cm.
Livro 2 - Galinha ao molho pardo.
Texto em quadrinhos.

ISBN: 978-65-89720-32-4

I. Histórias em quadrinhos 2. literatura infantojuvenil.
I. Pernambuco, Clara. II. Título.

CDD 741.59 / CDU 741.5

Índice para catálogo sistemático:
1. CDD 741.59 Histórias em quadrinhos
2. CDU 741.5 Caricaturas: Desenho Artístico

Elaborado por Alessandra Oliveira Pereira CRB-6/2616

Crivo Editorial
Rua Fernandes Tourinho, 602, sala 502
30.112-000 - Funcionários - Belo Horizonte - MG

www.crivoeditorial.com.br
contato@crivoeditorial.com.br
facebook.com/crivoeditorial
instagram.com/crivoeditorial
loja.crivoeditorial.com.br